홀씨 되어 머문 자리

시하늘시인선
11

홀씨 되어 머문 자리

강보철 시집

그루

시인의 편지

우리 집은 선산이 없다
아니 있다는데 갈 수 없는 곳이다
북녘, '황해도 사리원'이 아버지의 고향인 우린 실향민 가족이다

홀홀단신 숟가락도 못 챙기고 허겁지겁 산 넘고 물 건너
언젠가는 돌아간다고 곧 만난다고 잠시 떨어져 있자고
지켜지지 않는 약속을 가슴에 안고 살아온 시간

배부르고 등 따스우면 되지
쌀밥에 고깃국 몸 아프지 않으면 되지
돌아가야 할 고향, 그 넓은 논과 밭, 풍성한 과수원이 기다리는데
눈, 비 피하고 바람 막을 한 채 집이면 되는데……
가면 있는데 무엇 하려고 아웅다웅하나

명절이면 펴 놓은 빈 족보
이분이 증조부고 이분이 조부다

돌림자 써놓고 한 번도 보지 못한 친척들 차례상 넘나든다
처마 밑 제비집들 돌아올 텐데 하시던
눈시울 벌겋던 고향 앓이 가슴에 묻고
사는 게 팍팍할 때 하나씩 꺼내 물어온다
실향민과 분단의 현실에서 이 시대를 살아간 우리들에게……

청년이 중년 되고 노년이 되더니
자식이 손주가
무수하게 남긴 발자국으로 다져진 일상
잠시 머문 자리 고향이 되었다
여기, 홀씨 되어 머문 자리
과거와 현재 그리고 미래가 공존할 이야기를 펼쳐본다.

2025년 5월
외솔 강보철

차례

시인의 편지   4

1 물속 사람들

고향 집	12
누이가 온다	13
물속 사람들	14
한옥, 마음이 머문다	16
봉숭아	18
별밤	19
고니	20
해가 바뀌어도	22
가고픈 고향	24

2 홀씨 되어 머문 자리

철조망	26
해파랑길을 걷다	28
60년 동안	30
나비	31
나 좀 찾자	32
세 밤 자면 올게	34

홀씨 되어 머문 자리   35
여름방학   36

3 술막다리

장터   38
지친 가을   40
천변을 걸으며   42
순대 골목   43
와우정사 가는 길   44
바이올린 공방   45
술막다리   46
돼지머리 국밥   47
시장에 가면   48

4 고추밭

현관 옆 자전거   50
고추밭   51
한여름 밤의 록Rock   52
청보리   54
하루, 두 계절   55

대숲	56
그냥 가지	58
여름날	59
여름, 소나기	60

5 6월의 아픔

붉은 눈물 범벅 되어	62
이산離散	63
진우도	64
누가 이 사람을	66
6월의 아픔	67
덧대고 덧댄 반백 년	68
어디쯤 오고 있을까	70
유월은	71
제사상	72

6 달

물박	74
엄마니까	75

종부宗婦　　　　　　　　　　76

불턱　　　　　　　　　　　78

가시 바른 생선　　　　　　79

손맛　　　　　　　　　　　80

달　　　　　　　　　　　　81

호오이, 호오이　　　　　　82

엄마　　　　　　　　　　　83

엄마는　　　　　　　　　　84

7 견디자, 청춘이여

앉은 자리 주인이 되어　　86

하얀 민들레　　　　　　　88

쪽박 청춘　　　　　　　　89

소중한 하루　　　　　　　90

포장마차　　　　　　　　　92

서울살이　　　　　　　　　93

포기하지 마　　　　　　　94

그럴 땐　　　　　　　　　96

어디 있어?　　　　　　　　97

견디자, 청춘이여　　　　　98

8 가자, 꿈을 향해

우리 다시	100
고구마, 아내의 봄으로	101
백사마을	102
나의 봄	104
가슴 적시는 비	106
김치 수제비	107
노을	108
빨랫줄	109
숲, 말을 걸다	110
웃음 속 눈물이, 울음 속 미소가	112
가자, 꿈을 향해	114

해설

그리움을 찾아 날아가는 민들레 씨앗처럼 116

1 물속 사람들

바람 소리, 물소리

아버지의 이야기는 아들에게

고향 집

눈을 감으면
까마득히 먼 시간이

귀 기울이면
어릴 적 모습이

한 걸음 한 걸음
그리움 되어

한밤중
소리 없이 비가 내린다
찬기 떨군 바람
어릴 적 기억을 품고

어둠 벗는 창가
아른거리는 고향 집
흙내음 싣고
가슴으로 안긴다.

누이가 온다

가을볕 따가움에
시래기두름
처마에 걸리면

바람 따라 볕 따라
서걱거리는 시래기

보리쌀, 맷돌에 설푼 부수어
시래기 풀고 쌀 한 줌 넣어
시래기죽 한 그릇 건네던 손

콩대
따다닥 불꽃 만드는 소리 찾아
누이가 온다

가난
시래기로 겨울을 견디던
누이가 온다.

물속 사람들

소복이 덮은 하얀 눈
눈 가는 곳마다 소란스럽던
자드락길
발자국마다 남겨진 이야기들로
숨은 것과 숨긴 것
다시 만날 수 있다는 허튼 꿈인가
손발 부르트게 일군 곤궁하던 시절
저린 가슴 찬바람에 에인다

가쁜 숨, 잠시
언 몸 녹여 가는 산마루 주막
난로 위 주전자가 뿜어내는 봄기운
삐걱, 산바람에 흩어지고
군불 때는 가마솥
뜨끈한 부뚜막 위 칠 벗은 소반
아랫목 깊숙이 주발 밥 묻는다

옹기종기 모여 살던 고향 마을
처마 밑 새끼들 아우성은

계곡 따라 차오르는 물속으로
눈 녹으며 남겨지는 발자국
죽령천 노니는 쏘가리가 부러워
바람 소리, 물소리에
아버지의 이야기는 아들에게
깊은 숨 나눈다.

한옥, 마음이 머문다

하나둘 창문이 열리면
작으면 작은 대로 크면 큰 대로
다른 풍경을 만들며
야트막한 담 위로 눈길이 나고
활짝 열린 대문으로 발길이 나고
녹음보다 짙은 정이 오고 간다

노을이 벌겋게 기왓장 덮으면
밥 내음 굴뚝 위로 머리 풀고
이집 저집 보글보글
조물조물 손맛이
둥근 상 웃음꽃으로 하루를 나누며
회색빛 도시는 길을 접는다

아웅다웅 이 눈치 저 눈치
뜨는 해 투덜투덜
지는 해 터덜터덜
헛마음 늘어 가던 주름 따라
포근하게 안기는 넉넉한 품
한옥, 마음이 머문다

봉숭아

낡고 바랜 사진첩
노을은 손끝으로 물들어 가고

고향 집 돌담 밑
옹기종기 모여 앉은 봉숭아
손끝으로 하얗게 밤새우는 어린 누이
발그레한 볼, 긴 댕기
누런 사진 속에서 웃고 있네

반딧불
복숭아나무 사이사이 숨바꼭질
초롱초롱
눈망울 굴리는 별들
지난 시절
곱게 물들이고 온다.

별밤

별이 쏟아집니다
여름밤, 푸른 하늘 은하수
두런두런 개울가에 모여 앉아
덕지덕지 붙은 한낮을 씻어냅니다

별이 쏟아집니다
여름밤, 깨알 같은 별이
모깃불 피워 할머니 무릎 베고
깜빡깜빡 한낮을 부채질합니다

별이 졸고 있습니다
여름밤, 왕눈이별 하나
우물물 한 바가지 끼얹으니
으스스 한낮이 줄행랑칩니다

별이 졸고 있습니다
여름밤, 사위어 가는 푸른 하늘
눈 비비고 고개 드는 새벽으로
초롱초롱 아침 이슬 눈인사합니다.

고니

새가 별을 만난다
별은 하늘과 땅과 바다를 만나
떠날 때를 알려주면
작은 깃털 속에 그리움 머금고
큰 날개를 펼쳐 겨울을 누른다

새가 해를 만난다
해는 하늘과 땅과 바다를 만나
고향 내음 힘 모은 고니
힘겨운 겨울 사이로
슬그머니 봄 마중한다

새가 달을 만난다
달은 하늘과 땅과 바다를 만나
깃털 사이로 힘을 밀어 넣으며
큰 숨 날갯짓으로
을숙도를 밀어낸다

간다, 간다, 바람막이 아비 따라

첫째, 둘째, 줄 세워
고향 내음 실타래 풀어내는
새벽하늘 별자리 찾아

해가 바뀌어도

윙윙 칼바람에
오들오들 문풍지 소식 전하고
달그락 눈보라에
문고리 안부 물으면

아궁이 속
고소한 고구마가 들려주는
허리 굽은 이야기
화롯불 속
톡톡, 알밤 노랗게 익어가는
앙상한 손등 이야기

맨발로 건너온
귓맛 나는 이야기는
매운 겨울 맞선다.

가고픈 고향

붉은 노을 밀어내고
어둠 야금야금 젖어
하나둘 눈뜨는 저녁

가고픈 개궂던 시절
보고픈 벌거숭이들
가득한 소똥 냄새

송골송골 땡볕 더위
내 안에 네가
모깃불 매캐한 그곳입니다

2 홀씨 되어 머문 자리

오가지 못해
그리움 엮고 엮어

나, 우리 그리고 가족

철조망

다녀오겠습니다, 오마니 아바이
발걸음도 가볍게 친구들 손잡고
재 너머 저수지로
콧노래 부르며 소풍 간다

해거름 앞세우고 돌아가는 길
시커멓게 가로막은 철조망
올 때는 없었는데
철렁 내려앉는 가슴

집이 저긴데
오마니, 아바이가 저기 있는데
손 내밀면 만져질 것 같은데
다녀왔습니다, 해야 하는데

애달프게 불러본다
목 놓아 소리친다
오마니, 아바이
철조망 너머로

해파랑길을 걷다

백두산 푸른 정기
밀치락달치락 달려와
부딪치는 넓고 깊은 흰 물보라
수영복 한 벌 지니고
떠나는 해안선 순례길

꿈을 꾸어라
큰 꿈을 꾸어라
헐벗고 두려운 날 깊은 품 내어줄게
억센 바람도 너의 것이다
해 뜨는 이곳에서
검붉은 미소 굵은 팔뚝
깊디깊은 아버지의 바다에서
태평양 깊은 품에 안긴
아버지의 땀 내음을 만나려고

꿈을 꾸어라
높은 꿈을 꾸어라
힘들고 지친 날 넓은 품 내어줄게

거친 파도는 너의 것이다
달 뜨는 이곳에서
포근한 가슴 보드라운 미소
넓디넓은 어머니의 바다에서
만주 넓은 뜰에 안긴
어머니의 젖 내음을 만나려고

동해
길고도 먼 수평선 너머로
소리친다
아버지
어머니

60년 동안

누나 맞다
누나 맞어

길었던 이별이 실감 나고
흐르는 눈물이 입을 가리지만
어렴풋이 떠오르는 그 시절이
누나를 더듬댄다

골진 세월에 묻혀 있던 시간
꿈에라도 만나고 싶었던 누나가
주름골 깊은 할머니지만
그 시절은 흔적이

누나 맞다
누나 맞어

나비

한 마리 하얀 나비

꽃바람 따라

하늘 하늘

사과꽃 이파리

하나

포르르 훨훨

나 좀 찾자

아버지, 형님, 누이
고향, 황해도 사리원
1·4 후퇴 때 개성 부근에서 헤어짐

벽에도 붙이고
바닥에도 붙이고
한 뼘 중계차에도

두 팔로 들고
카메라 있는 곳이면
사람들 모인 곳이면

나 좀 찾자
나 좀 찾자
울부짖는다

세 밤 자면 올게

살았어, 살았어
세 살 동생이

골진 주름 세월을 안고
설움이 앞장서니 다리가 풀썩
그리움이 눈물 되어
펑펑

울지마라, 울지마라
빛바랜 사진 속 긴 세월은 헉헉대고
이게 누구지, 이게 누구야

세 밤 자면 온다던 오빠가
바람 불면 날아갈까
온몸으로 부둥켜안아 보고
버석거리는 손으로 꽉 잡아 보지만

몇 발짝 가지 못해 뒤돌아보고
한달음에 뛰어와
그 시절 오빠 꽉 붙든다, 또 갈까 봐

홀씨 되어 머문 자리

비가 옵니다
눈물 같은 비가
돌아가지 못해 내린 뿌리
한 줌 땅 위에 비문으로 남아
먼 하늘 비 마중합니다

새가 난다
높이 높이 새가
옛집 찾아 날갯짓하면
한 줌 땅 위에 비문으로 남아
먼 하늘 환송합니다, 새를

홀씨 되어 머문 자리
오가지도 못해
그리움 엮고 엮어
나, 우리 그리고 가족
여기에 뿌리 내립니다

여름방학

여름방학이면
신작로 미루나무 악쓰는 매미 소리
콜록콜록 매캐한 모깃불
첨벙첨벙 냇가 고기 몰이

줄줄 땀 흐르는 방 안에서
더운 바람 내놓는 선풍기 하나로
온몸 버티는 밤

외갓집은 어디에 있는지
할머니 집은 어떻게 가야 하나
갈 곳 없는 일기장

이정표 일흔 배낭 짊어지고
순례길 떠나는 무거운 발걸음
여름방학이 너무 싫다.

3 술막다리

소금보다 더 짠

인생 안주 한 점

장터

함박산 능선 따라
산들산들 넘어온다
땀띠 솟아 분가루 바른
딸 내음이

구불구불 금학천 따라
떠내려온다
여드름 솟아 로션 바른
딸 내음이

터벅터벅 걸어간다
흙먼지 뒤로하고
용인장 장터로
시집간 딸 내음 찾으러

지친 가을

밀려오는 파란 어둠 속
토닥토닥
잠들고 싶은 사랑
곁에 남고 싶어
짙은 밤을 품에 안는다

시간이 빛으로 물들어
스멀스멀
어둠이 사위어가면
눈빛 속 나의 모습은
가을 이슬 되어 반짝인다

한 장 한 장
기억을 넘기면
갈피갈피 남겨진 사연
손길 좇아 긴 호흡 남기며
가을이 떨어진다

파란 하늘 물 빠진 낮달

사무친 가을 손잡고
퐁당
기흥 호수에 동심원 그린다.

천변을 걸으며

찬기 떨군 바람 온기 묻힌 햇살에
말갛게 된 얼음장 밑으로
겨울 떠나가는 경안천 산책로를
이른 점심 먹고 아내와 함께

앞서거니 뒤서거니 두어 걸음 두고
밀어주고 끌어주는 가벼운 숨소리
잠시, 잠시 스치는 어깨 아래로
갈 듯 말 듯 곁눈질하는 손끝

투덜투덜 머쓱한 걸음걸이는
쫄깃쫄깃 마른침 목 넘김 하며
밀당하던 그 시절 곁으로
봄이 저려옵니다.

순대 골목

뚝배기, 돼지 부속 고기, 피 순대
불이 오르면 뽀얗게 뱉어낸 육수 부어
부글부글 한소끔
다대기 빨갛게 몸 풀고
맛내기 새우젓 스르르 녹아들면
덜덜 떨리는 날
송골송골 땀 흐르는 이마
뱃골 넉넉하게 온몸 빠져나가는 고단
지친 하루는 골목으로 흥얼거린다.

와우정사 가는 길

불상 은은한 웃음 앞에
중생 기원을 빌면
세상 모든 것
나름의 쓰임이 있다고

바람
잠시 머물다 가는 쪽마루
한 잔의 차로
시간을 다독이고

첫 불 지피는 아궁이에
몽글몽글 솟아나는
까마득한 옛일

와우정사 염불 소리 좇아
한 걸음 한 걸음
길마중 한다.

바이올린 공방

소리의 탄생
현과 활의 울림은 봄 소리로
선율에 얼굴 내민 새싹들
세월의 마름, 혹독한 시련 견뎌낸
가슴을 담는 선율
공방 그득하게 담기어
바이올린
봄을 만난다

베토벤 바이올린 소나타 5번
기분 좋게 아침을 깨우는 봄의 선율
마음이 눈뜨며
화사한 봄기운에 감싸인 온몸
아련한 선율 꽃향기 그윽하게
시골 아가씨들
까르륵까르륵
공방은 봄을 만난다.

술막다리

어디서든 통한다는
금학천 건너 주막
낡은 사발에 막걸리 철철
입술 닿은 이들과
세상을 나눈다

돼지머리 빙그레 웃으며
지친 길손 앉으라 하고
걸쭉한 주모 입담에
소금보다 더 짠
한 점 인생 안주

용인 사거리
오른편으로 돌아
능말 아랫골
구수한 냄새에 이끌려
술막다리 건넌다.

돼지머리 국밥

푹 삶은 돼지머리
귀때기 한 점
코빼기 한 점
대가리 쩍 갈라 이쪽저쪽 한두 점
다대기 뻘겋게 풀어
썩둑썩둑 파 썰어 넣고
뜨끈한 밥 한 공기 말면
살아온 시간이 뚝배기로 담긴다

한 숟가락 크게 뜨면
노릇하게 올라앉는 콩나물
아삭
송글송글 솟는 땀방울로
고단이 배어 나오며
든든해지는 뱃심
두 주먹 불끈
벌떡 깨어나는 나의 시간
고맙다.

시장에 가면

발걸음으로 만들어지는
한 줌 손놀림
조금 더, 조금 더
덤이 오가고 정이 오가네

내리는 비 친구가 되고
날리는 눈 이웃이 되어
비가 쫓아내도 눈이 막아서도
한결같은 마음으로 지켜온 자리

깊은 주름으로 나누는 안부
삶이 빠져 골진 인연
주고받는 세월이
진한 정으로 피어나는 웃음

햇살 배웅 받는 좌판
주섬주섬 다음 장 꾸리고
사람 내음 가득한 전대는
아쉬운 발길 재촉한다.

4 고추밭

긴 숨 토해
고추는
빨갛게 살 태워간다

현관 옆 자전거

어둑한 아침
밤새 쫓아내던 끈적한 더위는
후드득 툭툭 나뭇잎 깨우며
창으로 밀고 들어온다

뒤척이던 밤은
찌뿌드드한 몸을 억지로 일으키고
눈길 손길 바쁜 발걸음 비웃는 우산
투덜대는 빈손에 안기면

앞장서는 자전거
따가운 눈총에 멈칫
묵은 시간 탈탈 털어내며
의기양양 어깨 세우는 우산

출근길 발이 되던 자전거는
궂은 날 현관 옆 삐딱하게
힐끔힐끔 뒷걸음질로 길 내어주며
햇살 기다린다.

고추밭

밭 한가운데
늙은 여인네가 앉아
너덜너덜한
여름을 꿰매며

종일
널따란 고추밭에
좁은 골 따라
가을을 뿌려 놓는다

긴 숨 토해
땀방울 떨구면
고추는
빨갛게 살 태워간다

속마음 나누며
해바라기 함께하는
손길
가을은 물들어 간다

한여름 밤의 록Rock

지친 마음 감싸 안은
찌는 듯한 여름밤
잊어요, 지난 기억들
서로의 손가락을 하늘로
우리, 토해내요 쌓였던 울분
우리, 찔러봐요. 내일로

막힌 마음 다독이는
후텁지근한 여름밤
견뎌요 지난 일들
서로의 목청을 세상으로
우리, 뱉어내요 터질 것 같은 욕망
우리, 함께해요. 내일로

힘든 마음 감추는
흠뻑 젖은 여름밤
이겨내요 지난 상처들
서로 어깨를 나란히
우리, 털어내요 답답한 현실을

우리, 나가요. 내일로

다시 찾은 여름, 이 밤
소리 질러봐, 다 같이 소리 질러봐
우린 할 수 있다고
높게 뛰어봐, 다 같이 뛰어봐
우린 할 수 있어요.

청보리

새벽잠에 젖어
쌔근대던
청보리

하얀 새벽
달빛 세례 속에
부르르

방울방울
맺혀 오는 하루를
열어간다

하루, 두 계절

정수리로 내려앉은 된볕
한점限點 아우성 맴맴 매 앰
오이 넝쿨 고랑 따라
납작 기어가는 여름

서쪽 기슭 해거름 줄줄
짝 찾아 또르륵, 쓰르륵
들깨 밭고랑 따라
폴폴 머리 푸는 가을

볕 따라 여름 가고
산그늘 따라 가을 오고
계절의 경계 따라
익어가는 산촌

대숲

대숲 지나
얌전해진 바람
빼앗긴 초록에
이 눈치 저 눈치

의기양양 대나무들
층층이 초록 마디
놀다 간 바람에게
제 속 비워진 줄 모르고

그냥 가지

얼마나 더 울어야 속이 편할까
훌쩍훌쩍 눈치를 보았는데
생각하면 생각할수록 힘들고 속상하다
복받치는 설움에
명치가 짓눌리며 아파
가슴을 후벼판다

계곡은 소리 지르고
강물이 누렇게 성깔 부리고
오손도손 정답던 들녘
황톳빛 물바다가 점령하면
힘들어하는 출퇴근길 발걸음
여기저기 생활이 물에 젖는다

알 수 없네, 알 수가 없네
그 속을
조용히 지나가면 좋으련만
무서운 기세로 물 폭탄을
팔 걷어붙인 고된 얼굴에
구슬땀 빗물로 범벅이 된다

여름날

복숭아
노란 고깔, 말간 얼굴 수줍어
아침 햇살 맞아 송골송골, 방울방울
발그레한 수줍음으로 익어가고

여름살이
짓궂은 햇살 서글픈 달빛
눈동자 속 고단에 눈물방울 땀방울
수건 고깔 쓴 몸뻬

하얀 고깔 나빌레라
더위살이 휘휘
청실홍실 앞세워도
웃음기 접힌 여름밤

도화桃花가 꿈꾸었던 여름으로
세상을 풀어볼까
세월을 녹여볼까
사위어 가는 여름밤
여름날

여름, 소나기

빗방울이 후두두
거센 바람 등에 달고
사납게 쏟아지는 비
황급히 펼쳐 든 우산 밑
여름이 시끄럽다.

이리 뛰고 저리 뛰는
바람
손목에 붙어 오는 군 힘
뒤집힐 듯 힘겨워하는 우산
에라, 모르겠다.

천천히 걸어보자.
여름 소나기를 몸으로 받으며
후련하고 시원하다.
피하려고 애쓰던 마음이 가볍다.
평온과 추억이 안긴다.

5 6월의 아픔

아물지 않은 상처

산이 되고

흐르는 피 강이 되고

붉은 눈물 범벅 되어

먼저 보지 못하면
죽는다
먼저 쏘지 못하면
죽는다

내일이면 손잡을 수 있는데
새벽이슬 아른대는 고향 집
붉은 눈물 범벅 되어
못다 한 이야기가 들고 나는 구멍

땀방울 적시며 오르내렸고
눈보라 덮어쓰며 지켰지만
피 맺힌 총성과 무심한 허상
구멍 뚫린 녹슨 철모, 누구인가

숭고한 희생이 빠져나간 구멍
관심 떠난 헐값에 묻혀
눈길 묻힌 산야에 주인 잃은 철모
그대는 어디에

이산離散

누나야, 누나야 큰일 났다
엄마가 시집가려나 보다
아빠가 보고 싶다
누나야, 누나야 어디 갔냐

여섯 살 막내가 운다
징징
베갯잇 축축하게

누나야, 누나야 큰일 났다
엄마가 없으면 어찌 살꼬
꿈속 아빠는
목소리만 들리고

토닥토닥
치장하는 엄마 소리에
응얼응얼 잠꼬대한다.

진우도

수평선 너머
으르렁대는 파도를
넘고 넘어
떠내려오고
떠밀려 오고
하나둘 꾸역꾸역

아비의 눈가에
허옇게 소금꽃 핀다

지평선 너머
부라리는 물결에
밀리고 밀려
귀찮아 내려놓고
거북해 토해내고
하나둘 꾸역꾸역

어미의 눈가에
벌겋게 찔레꽃 핀다

아비의 눈치에
바다가 버리고
어미의 흐느낌에
강이 버리고

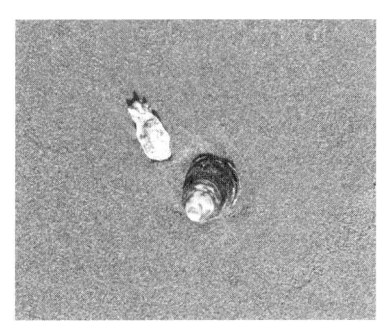

차곡차곡 쌓여
해가 깨우고
달이 재우고
끼리끼리 친살붙이
고운 모래 갈대 세워
나무도 풀도 보듬으며

심장을 말리는 울음소리
한 걸음, 바다로 강으로
죄인인가, 천치인가
똑같은 빨간 피
흙바람 내려앉은 미루나무
배곯은 매미가 운다.

누가 이 사람을

몸에 매달린 기억들
이야기로 만나기만 해도
눈앞으로 서성거리고

어디서 나타날까
언제 보일까
지나치지나 않을까

왁자지껄 목소리 찾아
바쁘게 돌아다니는 눈동자
카메라 눈 맞춤이 애처로워

가족들 만날 생각에
설렘 속 기다림
잠시라도 행복한 날입니다.

6월의 아픔

질긴 인연 어떻게
매일 꿈을 꾼다
꿈속 만나지 않던 날이 언제였던가
그리운 고향을

강산에 뿌려진 피와 땀
어떻게든 살아내려고
아물지 못한 상처는 산이 되고
흐르는 피는 강이 되고

행여
못된 꿈이 찾아올까
잠 못 이루는 밤은 길고
피곤한 걸음 길은 멀고

6월, 신록을 바라보면
살아 있다는 사실이
이 악물고 아픔을 참아낸다
이 순간

덧대고 덧댄 반백 년

꼬르륵, 하루 두 끼라도 먹이려고
부쳐 먹는 땅으로 기어드는 허탈
포기라는 사치는 명절 때때옷뿐
파병이란 기회에 가난을 벗을까

마른 젖, 목 넘기는 돌쟁이
배곯는 소리 가슴에 묻고
식은 감자 건네는 그을린 아내
흔드는 손으로 겹쳐오는 서글픔

기다린다고 기다리라고
소리 삼킨 그날의 눈빛
문간, 객바람 헛기침 소리에도
흉터투성이가 된 맨발

소쩍새 붉은 울음 이불깃 들추던 날
아니라고 아닐 거라고
목마름 물 한 잔 찾는 우체부라고
눈물범벅이 된 전사 통지서

덧대고 덧댄 색동 상보 곁에서
이젠, 바늘귀 가물대는 반백 년
가뭄 진 두 눈에 고이는 물기
할머니는 반닫이를 연다.

어디쯤 오고 있을까

밤새, 나풀나풀 날리는 눈송이
휘추리 끝으로 떨구는 눈물
시린 가슴으로 안기는 목소리
더듬더듬 헤매는 밤
당신은 어디에

마주치면 먼저 눈인사 건네던
겨울 안개 뿌옇게 매달린 창
기나긴 아픔 잘 참았다고
코끝 내어주는 싱그리운 눈 내음
당신을 기다립니다

파르라니 피어난 눈꽃
칼바람에 얼음꽃 덧입은
성깃성깃 흰머리에 시든 얼굴
눈 시리도록 영롱한
당신이 그립습니다

유월은

유월은 바람으로 온다
산등성이로 들녘으로
쓰라렸던 흉터 쓰다듬으며

유월은 눈물로 온다
잡초도 넝쿨도 나무도
그때 땀 내음 기억하며

유월은 그리움으로 온다
풀 향기 나무 향기
긴 세월 숨 쉬는 당신으로

유월은 볕으로 온다
아지랑이 환영 속 뒷모습
하늘 향한 새순 새잎 키우며

무엇을 바라보든, 누구를 만나든
꿋꿋한 생명력으로
유월, 가슴으로 부둥켜안는다.

제사상

피맺혀 부르는 소리
오마니, 아바이
죽었는지 살았는지
보고 싶어 맺힌 피멍

그리움 가슴에 묻고
가느다란 소리에도
쫑긋대는 귀, 돌아보는 눈 맞춤
언제 갈 수 있을까

제사상
이것은 아바이 발걸음
저것은 오마니 손길
가득가득 푸짐한 그릇그릇

온몸으로 살아냈는데
가슴 맺힌 속울음
이야기는 세월을 건너며
뿌리 내린 상 위로 그리움 머문다.

6 달

바람에 가지 않고

　　구름에 놓지 않고

어두운 밤거리 함께 걸었다

물박

쑥버무리 한 점에
외롭고 갑갑한 날들
가슴 뛰는 추억 하나
물박 두드리던 서러운 세월

샘물
한 방울 한 방울
엄니의 발걸음이 아까워
흔들흔들 기쁜 날도
뒤뚱뒤뚱 슬픈 날도
물박이 함께하고

흙투성이 자식들 검푸른 입술
풀떼기 밥풀 한 알
울먹울먹 물박이 울면
짙게 그을린 마음
물박은 그렇게
낮달이 되었다.

엄마니까

내 나이 열 살 때
엄마는
시장 좌판에 앉아 있었다

바람이 불어도
비가 와도
눈이 내려도

빵꾸 난 양말 신고
찢어진 우산 쓰고
색 바랜 외투 걸치고

지금
내 나이
엄마를 본다.

종부宗婦

옛 시간 위로
새로운 시간이 내려앉으며
다독이던 시절

600년 동안 보아온 느티나무
물이 주고 물이 가지고 가는
강 둔덕에 서서
해주고 싶은 이야기가 많다고

종부宗婦로 살아온 세월
견디고 지켜야 한다는 마음을
내가 아니면 누가

비가 오면 젖어보고
눈이 오면 떨어보고
바람결에 마음 실어
음지와 양지를 끌어안고

기왓골

와송 瓦松

오늘도 꽃가루 날린다.

불턱

덕지덕지 달라붙은
가슴 깊은 한살이
한 꺼풀 벗겨내 불쏘시개로
지들커 몇 개비
빨갛게 피어오르면
바닷물 뚝뚝 무명옷
서걱 말리고

불턱
살 떨리는 바람
돌구멍에 숨죽이면
바당이 부풀려준
어멍 가슴
배곯던 새끼들
꼼질 파고든다.

가시 바른 생선

책가방 내던지고
우물물 한 두레박 시원하게 땀 씻어
툇마루에 걸터앉으면

배고프지
소반 위 꾹꾹 눌러 담은 찬밥 한 사발
찬물에 말아 크게 한 숟가락
냉큼 올라오는 엄마 젓가락
고소한 생선 살 한 점

입안 가득 우물우물
꿀떡꿀떡 먹으라고
가시 바른 엄마의 젓가락

마주 앉아
배부른 미소 얹어 오던 젓가락
이젠
엄마 자리에 내가 앉아
생선 가시 발라 드린다.

손맛

치마폭에 머물던 시절
조물조물 손맛으로
한 뼘 자라고
오물오물 입맛으로
한 치수 커가고

집 하나 바쁜 일상 속
세상 물정 깨칠수록
새록새록 그리운 맛
마음의 허기까지 다 잊고
발길 돌리면 또 생각나는

추억이 다르고
살아온 세월이 달라도
힘이 남아 있는 한
군침, 쏙 돌아 배부른
입안 가득 그리운 맛입니다

달

어머니는 달이 되었다
바람에 흔들리지 않고
구름에 눕지 않고
어두운 밤거리 함께 걸었다

어머니는 달이 되었다
비바람에 흠뻑 젖고
칼바람에 달달 떨고
긴 밤 잠자리를 지켰다

어머니는
오늘 밤도 하늘에 계신다.

호오이, 호오이

터질 듯한 숨
한숨만 더, 한숨만 더
머리끝까지 올라온 숨
반 숨만 더, 반 숨만 더
호오이, 호오이

욕심은 물숨이다.

살기 위해 살아남기 위해
삼키는 숨
다시 삶으로 나오며
내뱉는 한 모금
호오이, 호오이

생명은 물꽃이다.

엄마

헐레벌떡 살아온 세월
밀리고 밀리더니
골목길 쪽대문집
어느새
굽은 허리 엉금엉금
털썩
아이구, 빛바랜 의자에

허기진 세월 건너
삼키고 뱉어 먹여 키운
물기 마를 새 없던 손
어느새
버석거리는 손 마중으로
털썩
그래 살기 힘들지

빨간 카네이션 한 송이
가슴에 달아 드리며
벌게지는 눈시울
사랑해요, 엄마

엄마는

서쪽 하늘 찌푸린 해
숨바꼭질하더니
한 송이 한 송이
눈이 옵니다

길 위로 쌓이는 눈
가로등 입맞춤에
반짝반짝
미끄러지는 길

까만 밤
지붕도 하얗고
나무도 하얀데
엄마는 언제 와

7 견디자, 청춘이여

그만두든지 해내든지

빛 삼킨 작은 방이지만

여기에 있어야 기회가

앉은 자리 주인이 되어

앉은 자리 주인이 되어
여기, 시련을 견뎌내고
볕과 바람, 더위와 추위
한 줌 햇살로 자리를 밟으며, 다시
불끈 쥐는 팔뚝
작고 보잘것없는 몸부림이지만
붙들린 청춘은 한 뼘 시간도 아까워

누가 봐주지 않아도
자리가 있어
뿌리내려 이곳을 지키리라

앉은 자리 주인이 되어
여기, 인내의 시간을 견디고
탓하지 않고 강인하게
한 방울 이슬로 목 축이고, 다시
일으켜 세우는 다리
끝내 만들어 내는 발버둥으로
이곳이 있기에 소중하고 소중해

누가 봐주지 않아도
꽃과 열매를
이겨내고 일어서리라

하얀 민들레

온통
노란 밭두렁
언제부터 이 땅을

시대의 질곡을 외면당한 주검들
차마 통곡으로 내려놓지 못해
절망의 눈을 감지 못하고
한 귀퉁이 옹기종기 모여
이 눈치 저 눈치
가녀린 목, 하얀 머리 세워
덜덜

한 올 한 올 나르는 홀씨들
어디 가든 살아라
그 땅에 뿌리 내리고

쪽박 청춘

유행이 무엇이고
맛집이 무엇인가?
시작은 청춘인데 지금은 허망
한 푼도 안 쓰고
한눈도 팔지 않고
15년 견뎌야 내 집이라도

촉망받는 우등생으로
덕지덕지 매달린 외로움
잠깐은 사치인가?
허튼 생각 말고
헛된 걸음도 말고
참고 견뎌온 청춘

길은 어디고
끝은 어디인가?
코앞, 노후 준비해야 할 나이에
계약 만료가 내달이라고
뚜벅뚜벅 쪽박 찬 청춘살이
견디고 또 견뎌야 하나 언제까지

소중한 하루

서너 살 먹은 아이가
자기 키만 한 문 앞에서
발길질하고 있다
축 처진 어깨를 흔들며
등 다독이는
손길 속상해하는데도
엄마의 바지를 한 손으로 부여잡고

바쁜 일과와 안쓰러운 마음에
머릿속 헐떡인다

빼꼼하게 열린 어린이집에서
재잘거리는 아이들 소리가 나온다
찡얼거리던 손을 놓으며 씨—익 웃으며
한 걸음 내딛더니
뒤돌아 손 흔든다
초조한 엄마 얼굴에
말간 웃음이 돌며 손 흔든다

아침상 달걀찜 내음이 번지며
소중한 하루가 주먹을 불끈 쥔다.

포장마차

오들오들 짧은 해가
막다른 여운을 남기며
바짓가랑이 사이로 윙윙거리면
모락모락 손짓하며
꼬르륵 헐벗은 퇴근길

한 겹 한 겹 덧칠하는 어둠 따라
뱃속 유혹하는 포장마차

홀로 눈뜨는 가로등
꼴깍, 한 모금 소주가 그리워
촘촘하게 어깨 맞댄 실루엣
저마다 하루를 씹고 넘기며
속 풀어내는 퇴근길

서울살이

사람에 밀리고
사람에 끼이고
갈아타고 흔들리고
오늘도

누군 남에서 북으로
누군 동에서 서로
버려지는 시간이 원망스러워
한 가닥 다짐도 소중해

기다리고 놓치고
몇 대를 보냈는가
아쉽게 헤어지는 인연들
한 몸 챙기기도 버겁군

경쟁하듯 출근하고
매달린 미련 버리지도 못하고
코딱지만 한 나의 방으로
오늘도 견디었구나

포기하지 마

잃어버린 별을 찾아
어둠 속 불씨를 지피자
세상에 취해 흔들려도
시간, 거침없이 움켜쥐게

나를 믿고 있는 너에게

살기 위해 몸부림치는
구겨진 생활 속에서 시달린
풀린 다리 꼬인 발걸음
그 짓눌림 이겨내자

목마름에 한 모금
건네주는 맑은 샘물
그 손길 마주하며
찌푸린 얼굴 웃음 가득하게

너를 믿고 있는 나에게

기대와 실망이
습관처럼 익숙해도
포기하지 마
우린 함께하니까

그럴 땐

그럴 땐
당신은 어떻게 하겠습니까

마주하는 이 없이 홀로 앉아
까칠한 밥 한 알 굴리며
만나지 못하는 서러운 눈꺼풀로
하얀 벽에 갇혀버린 때

그럴 땐
당신은 어떻게 하겠습니까

다급해진 시계 초침 소리에도
머릿속 이정표는 갈 곳이 없어
뛰쳐나가려 해도 점점
까만 벽에 파묻히는 때는

홀로
태어나서 죽는 것이 인생이라지만
그래도 밤과 낮이 있으니
견디고 참아내야 한다.

어디 있어?

손은 둘뿐인데
얼마나 가질 수 있나요
다리는 둘뿐인데
얼마나 갈 수 있나요
서울에서

어떻게 사느냐고
무엇을 하느냐고
짓누르는 어깨
견뎌야 한다 오늘도
서울에선

한밤중이면 어떠냐?
새벽이면 어떠냐?
돌아갈 수는 없잖아
붙들자 오늘을
서울인데

견디자, 청춘이여

싸한 기운으로 만나는
눈앞 바퀴벌레
눈물 삼키고 때려잡으며
내가 왜 이럴까?

마음은 봄날인데
얼굴은 가득한 고단
살아남아야 기회가
관심 잃은 일터라도

얼굴에 걸리는 끈적함
혼비백산 도망치는 거미
떨리는 손으로 걷어내며
이렇게 살아야 하나?

그만두든지 해내든지
빛 삼킨 작은 방이지만
여기에 있어야……
견뎌야 하는 청춘이여

8 가자, 꿈을 향해

징징거리지 마!

서성이지 마!

달려가자, 저 넓은 곳으로

우리 다시

다시 보기 위해
다시 만나기 위해
조금만 더 조금만 더
시련과 환란을 이겨내고
멈춘 세상 작은 숨결로
참고 견디어 보아요

두려운 시간은 잠시
고통스러운 날은 잠시
무서운 마음은 잠시
서로를 다독이고 보듬으며
멀어진 거리는 마음으로 이어
우리 다시 시작해요

바람이 분다
힘든 마음 씻고
애타는 가슴 훌훌 털고
잠시
우리 다시
일상에서 만나요

고구마, 아내의 봄으로

아내는
긴 겨울 창고 한쪽에서
푹 잠자고 있는 고구마를
창가, 봄으로 만들었다

눈 녹아
옹알옹알 흐르는 냇가
말갛게 목욕시켜
맑고 투명한 유리컵에 넣어
집 뒤편
솟아난 샘물 떠다 담갔더니
겨울 방 안
꼼질, 연두색 봄으로 피어나

햇살 찾아온 창가에서
깜빡, 졸고 있는 아내
눈물 떨구는 겨울 밀어내고
빙긋 봄빛으로 만난다.

백사마을

할머니 손잡고
나란히 걷고 싶은 손녀
앞서거니 뒤서거니
다리 아프다고 징징
헉헉, 가쁜 숨소리가
두어 걸음 앞서며

한 장 한 장 줄어가는 연탄
겨울 끝은 보이지 않는데
어떡하나
외로움은 길게 깔리고
툭하면
동장군이 행패 부리니

해 빠진 백사마을
비쩍 마른 노가리 한 마리에
소주 반 병이 흥얼거리면
희망을 안고
삐뚤삐뚤 취기와 함께

골목을 오른다

연탄 한 장으로
밥 짓고 구들장 데워
욕심 없는 사람들
간밤 이부자리엔
쿨럭쿨럭
고달픈 어제가 목구멍에 걸린다.

나의 봄

살았구나, 살았어
억척스럽게 살아냈구나
척박 속 머위, 손톱 밑 시커멓게
꾸역꾸역 입안 가득
목구멍으로 넘기는 쓴 삶
긴 아픔에서 일어선다, 일어서
별뉘가 만들어준 기다림으로

견뎠구나, 견뎠어
묵묵히 견뎌냈구나
혹한을 뚫고 내민 보리순
이불 밖으로 드러낸 민낯이 서러워
꾹꾹 눌러 뿌리내린 삶
참고 견디며 눈을 뜬다, 눈을
대지가 빚어준 기다림으로

깊어지는 주름으로 견딘 허기진 발걸음
허연 더뎅이 꺼지고 부르튼 겨우살이
시커먼 몸부림 더덕더덕한 안부는

반갑게 내민 햇살에 크게 숨 쉬며
봄 물림에 벗어나는 나를 만든다.

가슴 적시는 비

비가 내립니다
천둥, 번개 이겨낸
치열하고 허무한 거리로
가을 떨구는 비가 내립니다
우산을 펴야 하나
지치고 허물어진 걸음 다가가다
이게 아니지

함께 맞자, 같이 맞자
화려함과 추한 가을 속으로
네가 젖는데 나도 젖어야지
마음의 비가 옵니다

초록 땀으로 일궈낸
어룽더룽 울긋불긋한 단풍
허둥대는 발길 내려놓으며
산락하는 낙엽은 기다림인가
토해내는 것들과 버려지는 것들
비워내도 비워내도 채워지지 않는
서늘한 가슴에 가을비가 내립니다.

김치 수제비

소복한 가루 조물조물
손아귀 힘들이면
제멋대로 거칠었던 눈
솜이불 덮어 숨죽이고

김장 김치 숭숭 썰어
보글거리는 멸치 국물
쭉쭉 떼어 넣는 손맛
시큼한 내음에 꼴깍

찬바람에 터진 겨울
꽁꽁 언 볼
새빨간 수제비로 오물오물
쪼그라든 뱃속 뜨끈해지면

해 빠진 산마루
어둠 뒤집어쓰는 노을
처마 끝 고드름 눈 흘김에
허기진 계절이 채워진다.

노을

몸속에서 땀을 밀어내듯
옛일, 밖으로 뿜어져 나오면
쓰디쓴 기억들
한 개씩 한 개씩 바람에 산화한다

바람에 끌려가
사그라지는 시간 속에
다문다문 달콤했던 기억들
한낮의 가득한 빛 되어 그림자 삼키고

오글오글 들끓는 못다 한 일들은
긴 그림자 늘어트리며 숨어버리면
삶, 질긴 인연 앞세워
노을을 맞는다

해동갑으로 헤매는
무수한 흔적
나를 지운다, 지우개로
곧, 어둠이 닥쳐온다.

빨랫줄

세상
이쪽에서
저쪽으로
외줄 하나 걸어놓았다

두려운 마음 매달리면
바람, 쓰담쓰담 달래주고
쓸쓸한 마음 널어두면
햇살, 토닥토닥 보듬어주고

맑아진 하늘 좇아
뽀송뽀송
찌푸린 하늘 향해
대롱대롱

끈적끈적한 겉옷 벗어
탈탈 털어 널어놓으니
고단한 날개 접고 한숨 돌린다.

숲, 말을 걸다

눈 쌓인 새벽
밤사이 만들어 놓은
숲의 이야기

어질러진 발자국
토끼가 허둥대고

뿌려진 핏빛
밤사이 식사 거리 마련한
부엉이
잠시 걸음을 멈추어
세상을 보고

지난밤으로 걸어간
고라니 어둠이 즐겁고

바람이 머물다
쌓아 놓은 담벼락
제 키보다 높아

몇 번을 망설여
먼 길 돌아간 작은 발들

긴 밤, 잠자리
산이 만든 이불 열고
삐죽 내민 햇살
눈 비벼 지난밤을 이야기한다.

웃음 속 눈물이, 울음 속 미소가

어떻게 살아왔는가?
불편을 주고 불안을 만들어
욕심에 만족하고
약속을 헤프게 하고
부끄러움 잊고 살아왔는가?

길 위에서 만나고
길 위에서 헤어지고
끝없이 펼쳐진 먼 곳을 바라보며
어디서 왔고
어디로 가는가?

순간순간, 하루하루가 흔들리는 대로
바람처럼 구름처럼 거스르지 않는
비켜 갈 수 없는 실패와 고뇌의 시간
여명과 노을 속으로 들락날락하며
웃음 속 눈물이, 울음 속 미소가

살아갈 수 있다는 신념 하나

빈 주머니 원망하지 않고
작은 꿈 한 줌
길 잃은 역사 속에서도 견디며
세월 한 사발 빚는다.

가자, 꿈을 향해

징징거리지 마
시간은 흘러가고 있어
멈춰 선 발걸음 두려움 떨구고
일어서라 앞에서 손짓하잖아

무엇이 나를 막고 있을까
훌훌 벗고 넘고 넘어
달려가자, 저 넓은 곳으로

서성거리지 마
시간은 흘러가고 있어
머뭇거리는 발걸음 미련 버리고
일어서라 앞에서 부르잖아

무엇이 나를 붙들고 있을까
훌훌 털고 멀리멀리
날아가자, 저 높은 곳으로

해설

한 시인의 걸어온
발걸음에 각인된 고통과
치유의 흔적

그리움을 찾아 날아가는 민들레 씨앗처럼

김경호(시인)

 강보철 시인의 두 번째 시집『홀씨 되어 머문 자리』원고를 받아 들고, 도무지 진도가 나가지 않는 바쁜 나날들을 보내고 있었다. 이게 다 내가 자초한 일이다. 거절하는 데 익숙하지 못한 성격이라 그저 속수무책이었다. 시인의 독촉 전화를 받고서야 정신이 번쩍 들었다. 한 시인이 살아온 궤적을 시편으로 엿보고 거기에 중언부언하는 것이 주제넘은 일인 줄 잘 알고 있다. 이 글은 서평보다는 한 시인의 걸어온 발걸음에 각인된 고통과 치유의 흔적을 두서없이 더듬어 보는 일로 대신하고자 한다.

 강 시인의 부모님께서는 북한에 고향을 둔 '이산가족'으로 보인다. 우리 현대사는 일제의 패망과 함께 나라를 되찾았지만 다시 갈라지게 된 조국 강토. 동족상잔의 비극인 6·25 전쟁을 겪고 난 후, 냉전의 강화로 더욱 남과 북의 당국은 적대

시하기에 급급했다. 하지만 1983년부터 조금씩 물꼬가 트였다. 포털 자료에 의하면 남북 이산가족 상봉(相逢)은 1945년의 남북 분단과 1950년의 6·25 전쟁 이후 남한과 북한에서 따로 떨어져 연락도 안되고 생사조차 알지 못하고 있던 가족 및 친지들이 서로 만나고 소식을 전할 수 있게 한 것을 말한다. 첫 이산가족 상봉이 이루어진 1985년부터 2018년까지 총 21차례 대면 상봉과 7차례 화상 상봉을 통해 각각 20,761명과 3,748명의 이산가족이 만났다고 한다. 특히 분단 과정에서 한국 전쟁 당시 생긴 실향민들 대부분이 고령화되어 만나보지도 못한 채 생이별 속에서 살다가 사망하고 있다. 올해가 2025년 분단 80주년이 되는 해이다.

누나 맞다
누나 맞어

길었던 이별이 실감 나고
흐르는 눈물이 입을 가리지만
어렴풋이 떠오르는 그 시절이
누나를 더듬댄다

골진 세월에 묻혀 있던 시간
꿈에라도 만나고 싶었던 누나가
주름골 깊은 할머니지만
그 시절은 흔적이

누나 맞다
누나 맞어

―「60년 동안」 전문

 소식 없이 헤어져 살 수밖에 없던 남매가 상봉을 한다. 어려서 전쟁통에 버려져 60년이 흘렀는데 어린 시절 남매의 모습을 어떻게 지금과 비교할 수 있을까. 할머니와 할아버지로 '눈물의 상봉' 현장의 모습을 물끄러미 바라보며 시인은 무슨 생각을 했을까. 내 아버지, 어머니의 혈육들도 저 철조망 너머 아직 살아 계실까? 시인은 어려서부터 고향을 그리워하며 한숨짓는, 이산가족 상봉을 눈물지으며 내 일처럼 바라보고 계시는 부모님 슬하에서 자라났을 것이다.

 일제 식민지와 6·25를 겪은 우리 민족은 '철조망'이라면 치가 떨릴 것이다. 누가 38도 선을 그었나? 도대체 누가 한 민족을 갈라놓았나? 아래의 시 한 편을 보자.

다녀오겠습니다, 오마니 아바이
발걸음도 가볍게 친구들 손잡고
재 너머 저수지로
콧노래 부르며 소풍 간다

해거름 앞세우고 돌아가는 길
시커멓게 가로막은 철조망

올 때는 없었는데
철렁 내려앉는 가슴

집이 저긴데
오마니, 아바이가 저기 있는데
손 내밀면 만져질 것 같은데
다녀왔습니다, 해야 하는데

애달프게 불러본다
목 놓아 소리친다
오마니, 아바이
철조망 너머로

―「철조망」 전문

 화자는 꿈을 꾼다. 오랜만에 엄마가 싸 주는 맛있는 도시락을 챙겨서 동무들 손잡고 소풍을 간다. 재 너머 저수지로 소풍 가서 친구들과 놀이도 하고 맛있는 것도 많이 먹고 해거름에 돌아오는 길이 '철조망'으로 막혀 있다. 평시에도 얼마나 한이 맺혔으면 꿈에도 '철조망'이 가로막을까. 언제 '휴전이 아닌 종전'으로 남북한이 서로 반갑게 손잡을 날이 올 것인가. 잠시 우리들은 '이산의 아픔'을 간직한 우리 주변의 수많은 사람들이 우리 곁에 말없이 그 고통을 견디며 묵묵히 오늘을 견디고 있음을 잊고 살아온 것은 아닌가.

질긴 인연 어떻게
매일 꿈을 꾼다
꿈속 만나지 않던 날이 언제였던가
그리운 고향을

강산에 뿌려진 피와 땀
어떻게든 살아내려고
아물지 못한 상처는 산이 되고
흐르는 피는 강이 되고

행여
못된 꿈이 찾아올까
잠 못 이루는 밤은 길고
피곤한 걸음 길은 멀고

6월, 신록을 바라보면
살아 있다는 사실이
이 악물고 아픔을 참아낸다
이 순간

―「6월의 아픔」 전문

　위의 시편도 그리운 고향을 그리는 애절한 마음과 같은 민족끼리 총부리를 겨누었던 아픈 기억이 수십 년의 세월이 흘렀지만 6월이면 다시 병이 되어 도진다. "강산에 뿌려진" 동족의 "피와 땀", 얼마나 그 한이 크면 "상처는 산이 되고", "흐르는 피는 강"이 되는가. 그러나 '이산'의 한을 품고 또 다른

'남의 고향'에서 살아온 '이산 1세대'들은 기나긴 한숨의 세월을 견디다 노환으로 고향을 그리기만 하다가 세상을 먼저 떠나고 만다.

> 피맺혀 부르는 소리
> 오마니, 아바이
> 죽었는지 살았는지
> 보고 싶어 맺힌 피멍
>
> 그리움 가슴에 묻고
> 가느다란 소리에도
> 쫑긋대는 귀, 돌아보는 눈 맞춤
> 언제 갈 수 있을까
>
> 제사상
> 이것은 아바이 발걸음
> 저것은 오마니 손길
> 가득가득 푸짐한 그릇그릇
>
> 온몸으로 살아냈는데
> 가슴 맺힌 속울음
> 이야기는 세월을 건너며
> 뿌리 내린 상 위로 그리움 머문다.
> ―「제사상」 전문

민들레는 바람에 잘 날리는 작은 깃털 모양의 씨앗을 통해

번식하는 대표적인 식물이다. 씨앗이 가볍고 멀리 퍼질 수 있어 다양한 환경에서 쉽게 자생할 수 있다. 특히 광발아성, 즉 빛을 받아야 발아가 잘되는 특성이 있다. 정든 고향을 두고 몸만 빠져나와 새 정착지에 삶을 꾸리는 일은 얼마나 막막하고 힘든 일이었는가. 그런 부모님의 한을 듣고 보고 자란 시인은 '민들레 씨앗'을 생각한다. 민들레꽃이 피었다 지고 나면, 깃털이 달린 씨앗은 바람에 잘 불려 날아간다. 그곳이 어디라도 민들레 씨앗은 척박한 땅에서도 기어이 꽃대를 피워내고야 만다. 타향에서 억척스럽게 터전을 마련하여 살고 있는 '타향살이'의 치열한 삶이 그렇지 아니한가. 결국 고향에 닿지 못하고 먼저 세상을 떠나신 부모님께 올리는 자식의 "가슴 맺힌 속울음"이 눈에 선하게 다가온다.

그러나 크나큰 슬픔 속에 갇혀서만은 살 수 없는 법. 아래의 시 한 편을 보자.

> 어머니는 달이 되었다
> 바람에 흔들리지 않고
> 구름에 눕지 않고
> 어두운 밤거리 함께 걸었다
>
> 어머니는 달이 되었다
> 비바람에 흠뻑 젖고
> 칼바람에 달달 떨고
> 긴 밤 잠자리를 지켰다

어머니는
오늘 밤도 하늘에 계신다.
―「달」 전문

  고향을 그토록 그리워하시다가 먼저 돌아가신 부모님의 한을 조금씩 치유해 가는 모습을 시인은 어느 순간부터 찾아가고 있다. 어머니는 멀리 계시지 않고 "달이 되었다". 달이 되어 언제나 "비바람", "칼바람"을 막아주고, "긴 밤 잠자리를지"켜 주신다. 멀리 계시는 것이 아니라 "오늘 밤도 하늘에 계"시며 시인을 지켜주고 계시는 것이다. 그리고 이제는 한 잔 술로 세상사의 시름도 달래며 살아가고 있다.

어디서든 통한다는
금학천 건너 주막
낡은 사발에 막걸리 철철
입술 닿은 이들과
세상을 나눈다

돼지머리 빙그레 웃으며
지친 길손 앉으라 하고
걸쭉한 주모 입담에
소금보다 더 짠
한 점 인생 안주

용인 사거리

오른편으로 돌아
능말 아랫골
구수한 냄새에 이끌려
술막다리 건넌다.
―「술막다리」 전문

"술막다리"는 아마 인심 좋은 주인이 운영하는 막걸리집인가 보다. 세월의 더께가 묻어나는 "낡은 사발에 막걸리 철철", 정다운 이들과 마주 앉으면 "인생 안주"가 따로 있으랴. 세상사 시달리고 근심이 일어날 때면 "구수한 냄새에 이끌려" 찾는 곳. 거기선 서로가 가슴을 열어 놓고 '막걸리잔' 앞에서 한 가족이 되어 정을 나누게 되는 것이다.

이제는 '내'가 선 자리, '내'가 터 잡은 이곳이 비로소 '주인 됨'을 아래의 시는 노래하고 있다.

앉은 자리 주인이 되어
여기, 시련을 견뎌내고
볕과 바람, 더위와 추위
한 줌 햇살로 자리를 밟으며, 다시
불끈 쥐는 팔뚝
작고 보잘것없는 몸부림이지만
붙들린 청춘은 한 뼘 시간도 아까워

누가 봐주지 않아도
자리가 있어

뿌리내려 이곳을 지키리라

앉은 자리 주인이 되어
여기, 인내의 시간을 견디고
탓하지 않고 강인하게
한 방울 이슬로 묵 축이고, 다시
일으켜 세우는 다리
끝내 만들어 내는 발버둥으로
이곳이 있기에 소중하고 소중해

누가 봐주지 않아도
꽃과 열매를
이겨내고 일어서리라
—「앉은 자리 주인이 되어」 전문

비록 '민들레 씨앗'처럼 정체 없다가 자리 잡은 인생이지만 시인은 "앉은 자리 주인이 되어", 이곳, 지금 여기의 "소중하고 소중"함을 깨닫는다. 한 톨의 '민들레 씨앗'이 자기가 뿌리 내린 곳을 결코 불평하지 않듯이, 시인은 고통을 견딘 이 자리, 지금의 시간이 작지만 소중하고 위대함을 시로써 간파해 내고 있다. "누가 봐주지 않아도 / −중략− / 이겨내고 일어서리라"라고 끝맺고 있는 것이다.

강보철 시인의 시는 그가 살아온 '뼈아픈 가족사'와 '아련한 추억'들이 고스란히 묻어있다. 그 고통을 마주하면서 시인은 좌절하지 않고 맞서서 이겨나가는 여정을 여러 시편들에서 우리에게 펼쳐 보이고 있다. 더 나아가 아래의 시처럼 극복을 넘어 관조의 경지에 들어 있음을 보여준다.

> 어둑한 아침
> 밤새 쫓아내던 끈적한 더위는
> 후드득 툭툭 나뭇잎 깨우며
> 창으로 밀고 들어온다
>
> 뒤척이던 밤은
> 찌뿌드드한 몸을 억지로 일으키고
> 눈길 손길 바쁜 발걸음 비웃는 우산
> 투덜대는 빈손에 안기면
>
> 앞장서는 자전거
> 따가운 눈총에 멈칫
> 묵은 시간 탈탈 털어내며
> 의기양양 어깨 세우는 우산
>
> 출근길 발이 되던 자전거는
> 궂은 날 현관 옆 삐딱하게
> 힐끔힐끔 뒷걸음질로 길 내어주며
> 햇살 기다린다.
>
> ―「현관 옆 자전거」 전문

"현관 옆 자전거"는 좁은 현관에서 자리를 차지하고 있어

때로는 번거롭기도 하다. 그러나 그 "자전거"는 좁은 공간에서도 나름 "의기양양 어깨 세우는 우산"을 받쳐주고 있다. 지금 시인의 자전거는 비록 "궂은 날 현관 옆 삐딱하게" 서 있지만 비 그치고 햇살이 다시 떠오르면 더위를 헤치고, 시원한 바람을 안으며 더 나은 세상으로 달려 나가리라.

 이렇듯 강보철 시인의 시는 분단과 이산에서 출발된 상처와 통증으로 점철된 것으로 일견 보이고 있다. 그러나 상처와 고통을 있게 한 현실을 직시하고 그 현실을 뛰어넘어 달관의 경지에 이르는 시적 성과를 보여주고 있다. 강 시인의 많은 시편들은 다소 고집스러운 평이함으로 우리 앞에 펼쳐지는 듯 보이지만 한편으로는 현란한 수사가 판치는 요즘의 시단에서 일상의 언어로 독자의 가슴을 적시는 미덕도 겸비하고 있다. 다소 거칠고 투박하지만 그의 세상을 향한 시선은 따스함을 잃지 않고 있다. 한 톨의 '민들레 씨앗'이 날아가 꽃이 피고, 그 꽃이 퍼지고 퍼져 온 산천이 환한 민들레 꽃밭이 되는 꿈은 늘 우리 곁에 있다.
 앞으로도 세상을 향한 강보철 시인의 끊임없는 새로운 시선의 탐구 노력과 시를 향한 '정직한 발걸음'이 멈추지 않기를 기대한다.

시하늘시인선 11

강보철 시집
홀씨 되어 머문 자리
© 강보철, 2025

초판 1쇄 발행 2025년 7월 30일

지은이 강보철
펴낸이 이은재
펴낸곳 도서출판 그루

출판등록 1983. 3. 26(제1-61호)
42452 대구광역시 남구 큰골 3길 30
TEL 053-253-7872 / FAX 053-257-7884
E-mail / guroo@guroo.co.kr

값 10,000원
ISBN 978-89-8069-531-7

*이 책의 판권은 지은이와 도서출판 그루에 있습니다.
 양측의 서면 동의 없는 무단 전재 및 복제를 금합니다.